AF745808

मेरी यादें

Pankaj Sharma

BookLeaf Publishing
India | USA | UK

Copyright © Pankaj Sharma
All Rights Reserved.

This book has been self-published with all reasonable efforts taken to make the material error-free by the author. No part of this book shall be used, reproduced in any manner whatsoever without written permission from the author, except in the case of brief quotations embodied in critical articles and reviews.
The Author of this book is solely responsible and liable for its content including but not limited to the views, representations, descriptions, statements, information, opinions, and references ["Content"]. The Content of this book shall not constitute or be construed or deemed to reflect the opinion or expression of the Publisher or Editor. Neither the Publisher nor Editor endorse or approve the Content of this book or guarantee the reliability, accuracy, or completeness of the Content published herein and do not make any representations or warranties of any kind, express or implied, including but not limited to the implied warranties of merchantability, fitness for a particular purpose.
The Publisher and Editor shall not be liable whatsoever...

Made with ❤ on the BookLeaf Publishing Platform
www.bookleafpub.in
www.bookleafpub.com

Dedication

ये कविताएँ समर्पित है सबसे पहले
मेरे माता पिता को।
उन माता-पिता को,
जिनके संस्कारों ने मुझे शब्द दिए
और जिनकी दुआओं ने मेरी कलम को उड़ान दी।

उसके बाद जीवन के
उन तमाम अनुभवों को
जिन्होंने मुझे तोड़ा भी
और उन्हीं टूटनों से
ये कविताएँ जन्म ले सकीं।

उस प्रेम को,
जो मिला भी,
बिछड़ा भी,
और हर हाल में
मेरी कविताओं में जीवित रहा।

अपने ही भीतर के उस इंसान को,
जो हर दर्द के बाद भी
लिखता रहा...
और खुद से हार नहीं माना।

और उन सभी पाठकों को,

जो इन पंक्तियों में कभी खुद को ढूँढेंगे,
तो कभी मुझे।

Preface

कविता मेरे लिए शब्दों का खेल नहीं, बल्कि अनुभूतियों की भाषा है। यह किताब उन क्षणों का संग्रह है, जब मन ने चुप रहना चाहा, पर भावनाओं ने कलम पकड़ ली। जीवन की साधारण-सी दिखने वाली घटनाएँ—खुशियाँ, पीड़ा, प्रश्न, प्रतीक्षा और उम्मीद—इन कविताओं में अपने-अपने रंग लेकर आई हैं।

इन पंक्तियों में न कोई उपदेश है, न पूर्ण उत्तर। यहाँ केवल प्रयास है—अपने भीतर उठते सवालों, समय की सच्चाइयों और मन की हलचल को ईमानदारी से शब्द देने का। यदि इन कविताओं में आपको अपने अनुभवों की झलक मिले, आपकी कोई भावना बिना नाम के पहचानी जाए, तो यही इस पुस्तक की सार्थकता होगी।

यह संग्रह उन सभी के लिए है जो अभी भी शब्दों में सुकून खोजते हैं, जो महसूस करते हैं कि कहे बिना भी बहुत कुछ कहा जा सकता है। पाठकों को यह पुस्तक सौंपते हुए आशा है कि ये कविताएँ आपके मन से संवाद करेंगी—धीरे, सादगी से, और देर तक।

— पंकज

Acknowledgements

मैं उन सभी व्यक्तियों के प्रति हृदय से कृतज्ञता व्यक्त करता/करती हूँ, जिन्होंने प्रत्यक्ष या अप्रत्यक्ष रूप से इस काव्य-संग्रह के सृजन में योगदान दिया। सर्वप्रथम मैं अपने परिवार का धन्यवाद करता/करती हूँ, जिनके अटूट प्रेम, धैर्य और निरंतर प्रोत्साहन ने मुझे शब्दों के माध्यम से अपने भाव व्यक्त करने की शक्ति दी।

अपने मित्रों, शुभचिंतकों और पाठकों का भी मैं आभारी हूँ, जिनकी सकारात्मक प्रतिक्रियाएँ और विश्वास मेरी लेखनी के लिए प्रेरणा बनीं। उनके सुझावों और उत्साह ने इन कविताओं को आकार देने में महत्त्वपूर्ण भूमिका निभाई।

मैं उन अनकहे अनुभवों, स्मृतियों, मौन क्षणों और प्रकृति का भी आभार प्रकट करता/करती हूँ, जिन्होंने मेरी कविताओं को संवेदना और गहराई प्रदान की। वास्तव में, ये ही इस काव्य-यात्रा के मौन शिक्षक रहे हैं।

अंत में, मैं पाठक का धन्यवाद करता/करती हूँ, जिन्होंने इस पुस्तक को पढ़ने का समय निकाला। यदि इन कविताओं की कोई भी पंक्ति आपके हृदय को स्पर्श कर सके, तो मेरा प्रयास सार्थक होगा।

1. कविता

सम्पूर्ण विश्व मना रहा
आज दिवस कविता
यह भी लिखता
वोह भी लिखता
हर कोई है करता कविता
देखा देखि मैंने सोचा
मैं भी, हाँ मैं भी लिखूं,
लिखूं कोई कविता
कलम उठाया
थोडा उसको झड्काया
कॉपी की तरफ हाथ बढाया
मिटटी की परत जो जमी थी
उसको फूंक मर के उड़ाया
लेकिन थोडा सकुचाया
सोच के मन फिर घबराया
क्या लिखूं क्या बयान करूँ
किसपे लिखूं मैं कविता
विचार कई आये
कई गुबार बन बादल

इस मानस पटल पे छाए
ऐसे पल फिर फिर आये
लेकिन भाषा में था हाथ तंग
सो शब्दों का पड़ गया टोटा
फिर किसपे करूँ मैं कविता
कैसे करूँ मैं कविता

2. मॉं

दुनिया ने एक दस्तूर बनाया
माँ का एक दिन मदर्स डे बनाया
आज तेरा दिन है मॉं
आज दुनिया का मदर्स डे है
पर क्या मॉं का कोई दिन
निशचित किया जा सकता है
कैसे सिर्फ़ एक दिन में सीमित करूँ तुझे
मेरे लिए तो मेरा हर पल ओ मॉं
तुझको ही समर्पित है
मेरा तो हर दिन तुझसे ही मुकम्मल है
मेरी धमनियों में बहता ये रक्त
मेरे हृदय में धड़कती ये धड़कनें
मेरा ये निस दिन क़दम बढ़ाना
हर पल बदलती दुनिया को समझ पाना
तेरी ही तो दी हुईं सौग़ातें हैं माँ
तू ही मेरे वजूद की वजह है
तुझसे ही मेरी पहचान है
बाँध कैसे सकता हूँ दिन और समय में तुझे मॉं

जीवन की इस आपा धापी में
बिना विचलित हुए निस दिन भागता हूँ मैं
रहकर अपनी निराशाओं से दूर
अथक प्रयास करते रहना
तूने ही तो सिखाया था माँ
जब जब क़दम रुके
जब जब लड़खडाया
तूने ही तो संभलना सिखाया था
तूने ही तो ठोकर लग कर
गिरने का महत्व समझाया था माँ
गुलशन में काँटे भी होंगे
धूप के बीच साये भी होंगे
कड़वा ये सच तूने ही तो बताया था माँ
तुझसे ही सब कुछ है
हर दिन तेरा दिन
और हर पल तेरा पल है
आज तू सामने तो नहीं है
पर हर दिन तेरा ही उत्सव मनाता हूँ
हर दिन मदर्स डे मनाता हूँ
हर दिन मदर्स डे मनाता हूँ माँ

3. पापा

पापा मेरे पापा मैं आप से बात करना चाहता हूँ
४० सालों जो लम्हे मैं जीना चाहता था वो जीना चाहता हूँ
आपको अपने दिन का हाल और आपका दिन कैसा बीता वो सुनना चाहता हूँ
एक दुरी जो आपके और मेरे बीच में है उसको दूर करना चाहता हूँ
सालों से जो एक तकल्लुफ मैंने बनाये रखा उसे तोडना चाहता हूँ
हाँ ये तकल्लुफ जो शायद आपकी मेरे लिए इज्ज़त है
या आपका डर है या एक तहजीब जो बाप बेटे के बीच में होती है वो है
लेकिन मुझे लगता है की इस तकल्लुफ में हम यह भूल गए की
एक बेटे को अपने बाप की उतनी ही ज़रूरत होती है जितनी हमे साँस लेने की
और एक बाप को भी अपने बेटे की उतनी ही ज़रूरत होती है
लेकिन अपनी मसरूफियत के दरम्यान हम यह भूल गए और
हम लोगों के दरमयान कितनी दूरियां आ गयीं की अब उन्हें तय करना भी मुश्किल है
लेकिन में फिर से एक नयी शुरुआत करना चाहता हूँ
फिर से दौड़ कर मैं आपकी गोद में चढ़ जाना चाहता हूँ
और आपको मम्मी की शिकायत करना चाहता हूँ
आपको बताना चाहता हूँ की आज में तीन विकेट लिए और २० रन

बनाये

ऐसी ही बहुत सी हसरतें हैं जो आज तक तो कभी नहीं कर पाया पैर आज करना चाहता हूँ

4. असुरक्षित

राम के मन में है
असुरक्षा की भावना
रहीम भी है खतरा
महसूस करता
क्या हो रहा है
मेरे मुल्क में
कैसी यह आग लगी है

कानों रस घोलती
मंदिर की वो घंटी
सुन कर जिसे
भावविभोर हो जाते
और बरबस कदम
मंदिर की तरफ उठ जाते
वो घंटी अब कनफोड़ू
और कर्कश लगने लगी है
क्या हो रहा है मेरे मुल्क में
कैसी यह आग लगी है

सुबह जल्दी उठने की चिंता
दादी मिनटों में खतम कर देती
जब वो कहती
आराम से सो जा
आज़ान से ५ बजे
अपने आप नींद खुल जाएगी
जो अलसुबह उठने का
अलार्म हुआ करती थी
अब वो आजान नींद में
खलल डालने लगी है
क्या हो रहा है मेरे मुल्क में
कैसी यह आग लगी है

किसी को पता ही नहीं चला
कब किसने बीजे बीज नफ़रत के
एक माँ के दो बेटे
हो गए दुश्मन एक दूजे के
क्या हो रहा है मेरे मुल्क में
यह कैसी आग लगी है

5. अहंकार

अहंकार कैसा भी हो
टूट ही जाता है
जो करता अहंकार
डगमगा ही जाता
जीवन पथ करते हुए पार
रावण जैसा पंडित प्रकांड
तप किया जप किया
जीता शिव का आशीष
मिली स्वर्ण लंका
पाया अमरत्व
झुका नहीं कहीं शीश
जीवन भर रहा अहंकार लिप्त
दुर्योधन जैसा प्रचंड गदाधर
ना रह पाया अहंकार से मुक्त
पांडवों को दे देता दो ग्राम अगर
ना होता महाभारत जैसा युद्ध भीषण
कौरव करते भूतल पे राज
पांडव रहते खुश ले कर दो ग्राम
लेकिन कहाँ मनुष्य थोड़े में रहता सुखी
उसको तो चाहिए धरती ही नहीं

अपितु आकाश सकल
जीवन की इस आपा धापी में
सब भूल जाते है हम
चीज़ रखी रह जाती सब
अंत जीवन का आता जब

6. वक़्त की हुंकार से

वक़्त की हुंकार से
क्यों बैठा है डर कर
माना थक चूका है तू
फूली हुई हैं सांसे
और शारीर है पसीने से तरबतर
लेकिन,
बैठ मत समय की चाल से
तू निराश हो कर
माना समय विपरीत है
कोई नहीं नज़दीक है
सीख ले इस समय से
और तू आगे बढ़
किसी के लिए
जैसे यह रुकता नहीं
रहता है सदा गतिमान
तू भी बन बुद्धिमान
होकर तू भी चलायमान
कर गुज़र जो ठाना है
डर मत अंजाम से
बस तू चलता चल

सीख ले तू भी समय से
और तू आगे बढ़|

7. छोटे शहरों के लोग

छोटे शहरों के लोग

सपने देखते हैं

कभी हारते हैं

कभी जीतते हैं

कभी सपने इनसे

जीत जाते हैं

कभी यह सपनों से

हार जाते हैं

इसी हार जीत में

जीवन के संगीत में

कभी ये टूट जाते है

तो कभी इनके

सपने टूट जाते हैं

कभी यह सपनों से छले जाते हैं

कभी अपने ही इन्हें लूट जाते हैं

जिस गाँव से यह चले थे

वो गाँव इनके छूट जाते हैं

रहते यह शहर में हैं

पर शहर इनके हो नहीं पाते हैं

8. नई सुबह

नई सुबह नई शुरुआत
आओ करें कुछ नई बात
कल की बातें हुई पुरानी
फिर से नयी राह बनानी

करें कुछ जो ऐसा हो
पाया कभी नहीं पायें वो
सारी आशाएँ पूरी जहाँ
आओ चलें सब मिल वहाँ

हातों में है समय की डोरी
नहीं अब कोई कथा कोरी
अब नहीं रहेगी बात अधूरी
अब लिखेंगे कहानी पूरी

रात का अंधेरा छंट चला
आया दिवा फिर एक नया
कल था जो मुश्किल दिन
अब होगा आसान पल-छिन

हर अंत होता एक नई शुरुआत
जो हमारे हातों होंगे सबके हात
पहुँचेंगे नई मंज़िल साथ साथ
पकड़ एक दूजे के हाथों हाथ

9. जीवन सार

जीवन एक है मेरे पास
सोचा क्या है करने को
जग मग जग सूर्य सकल
ऐसा कुछ जो हो अविरल
ओ अंबिका ओ जननी
तू ही सबकी पालनहार
निर्धन हो या हो कंगाल
चाहे हो कोई उत्पन्न अपार
जनक तू ही पिता तू ही
तू ही है मेरा भगवान
तुझसे ही तो सीखा जीवन
और सही ग़लत का अभिज्ञान
छोटा हो या कोई बड़ा
सीखा सबसे कुछ ना कुछ
किसी ने जीवन सार सिखाया
और किसी ने जीवन भार
सीख सीख कर हुआ बड़ा हूँ
लेकिन फिर भी एक ललक लगी
और सिखाये मुझ को जीवन

रोज़ नित नया जीवन अभिप्राय

10. क्यों छूट गया साथ

मैं रोज़ सुबह उठता हूँ
उठकर कोशिश करता हूँ
हमारे बीच में जो दरारें हैं
उन्हें कुछ भरता हूँ
हाँ प्रेम के सीमेंट में
मिलाकर यादों का पानी
फिर से दिन भर चिनता हूँ
लेकिन तुम शाम तक
फिर उन्हें कुरेद देते हो
भगवान के बनाए रिश्तों को
क्यों फिर से उधेड़ देते हो
क्यों भूल गए पापा
मैंने सीखा है चलना
आपकी की ही उँगली
पकड़ कर
बहना हर साल
तुम ही तो बांधती हो राखी

मेरी कलाई पर
मेरे भाई हमने कितनी
ही लड़ाइयाँ
लड़ीं थी साथ साथ
लेकिन अब हुआ क्या
क्यों छूट गए
हम सब के हाथ
क्यों हो गए दूर
क्यों छूट गया
हम सबका साथ
यदि माँ आज होतीं
तो कदापि ऐसा
होता नहीं

11. अपनों में अपने

अपनों में अपने
ढूँढ रहा हूँ
खोया भवसार में
घर ढूँढ रहा हूँ
एकलव्य हूँ
गुरुओं में द्रोण
ढूँढ रहा हूँ
सपने संजोए हैं कई
उनके साकार होने का पल
ढूँढ रहा हूँ
अपनों में अपने
ढूँढ रहा हूँ
मँझधार में हूँ
किनारा ढूँढ रहा हूँ

12. अंतर्द्वंद

अंत तक केवल अंतर्द्वंद है
क्यों ख़त्म नहीं होता है
यह जो भीतर का युद्ध है
हाँ यह अंतहीन द्वन्द है
जो निरंतर इस हृदय में चलता है
कितना तिलिस्मि है
जो कभी टूटता ही नहीं है
कोशिश चाहे कितनी करूँ
परिश्रम सारा व्यर्थ है
चक्रव्यूह में फ़ँसे अभिमन्यु सा हूँ
निकलने की कोशिश करता हूँ
लेकिन दलदल इतना गहरा है
वापस बारबार धँसाता है

13. अंधकार

मन्नत द्वार पर टूटी साँसे
अफ़वाह भगदड़ मंदिर में
उड़ान से पहले बोइंग में आग
क्या हो रहा ये दुनिया में

स्कूलों की छत हैं गिरतीं
नन्हे बच्चे लील हैं जातीं
पाइपलाइन फूटीं पानी बहता
बनाना सड़कें ही सरकार भूलती

दुनिया हुई कैसी मतलबी
किसी को किसी से वास्ता नहीं
घोर अंधकार है फैला हरसू
कोई ग़लत नहीं सब बस सही

कब तक चलेगा ये अंधकार
होना चाहिए अब तो सवेरा नया
ना हो जहाँ कोई ऊंच नीच

मिल कर रहे सब सुबह शाम जहाँ

14. कोई पत्ता हिले

कोई पत्ता हिले पता तो चले
हम इधर हैं या फिर उधर के
लाख मैं सोचूँ की ज़मीं हूँ
या चमकता कोई आसमाँ हूँ
लेकिन उसे तो पता है ये सदा
मैं कुछ नहीं हूँ कुछ भी नहीं हूँ
मैं कौन हूँ कहा से आया हूँ
जाना कहाँ कहाँ जा रहा हूँ
ये ज़रूर है पता मुझे
आज भी और कल भी
पहुँचूँगा मैं भी बस वहीं
अंत में जहाँ पहुंचते सभी
लेकिन हूँ जब तक बीच
इस जन्म और मरण के
करना वो सब है जो
हम सब आज तक हैं करते
समझना वो है सबसे जो
समझ पाया नहीं आज वो
लेकिन उसे तो पता है ये सदा

मैं कुछ नहीं हूँ कुछ भी नहीं हूँ

15. अपनों में अपने

अपनों में अपने
ढूँढ रहा हूँ
खोया भवसार में
घर ढूँढ रहा हूँ
एकलव्य हूँ
गुरुओं में द्रोण
ढूँढ रहा हूँ
सपने संजोए हैं कई
उनके साकार होने का पल
ढूँढ रहा हूँ
अपनों में अपने
ढूँढ रहा हूँ
मँझधार में हूँ
किनारा ढूँढ रहा हूँ

16. ख़ाली हाथ

ख़ाली हाथ आया था
और ख़ाली हाथ ही जिया
किसी ने प्यार लिया
और किसी ने पिताजी लिए
मैं तो तुम सबसे बड़ा था
मेरे हिस्से ना तो प्यार ही लगा
और ना ही माँ ही आयी
खपता रहा जीवन की धौंकनी में
फूँक तो बहुत मारीं
ना तो मेरे हिस्से धधक लगी
और ना ही साँस आयी

17. ख़ानाबदोश

ख़ानाबदोश सा
है यह जीवन
आज इस शहर
कल उस शहर
और शनिवार को
फिर वापस घर

इन सभी के बीच
बँट सा गया हूँ
दौड़ता हूँ भागता हूँ
फ़िक्र दफ़्तर के काम की
चिंता अपने परिवार की
जाना है तो जाना है

चार शर्ट दो पैंट
काम चल जाएगा
जाँघिए और बनियान
तो चाहिये चार

वरना फिर झंझट अपार
रोज़ रोज़ धोने का
देखना कुछ छूट ना जाए
वरना परेशानी होगी
सूट्केस में सामान
नहीं सूट्केस में है घर
ख़ानाबदोश सा है जीवन

आज तो महंगा है
टिकट फ़्लाइट का
मिलता नहीं कभी
रेज़र्वेशन ट्रेन का
टैक्सी तो आजकल १३ रुपए
एक किलोमीटर जाती है
कितनी लूट मचा रखी है
पर जाना तो है ही

बॉस की सेक्रेटेरी भी
रोज़ सुबह शर्मिंदा करती है
पूछती है क्या है
आज की लोकेशन
करना ही होगा हर महीने
पंद्रह से बीस दिन का भ्रमण
ख़ानाबदोश सा जो है यह जीवन
छह बजे की फ़्लाइट है

चार बजे उठना पड़ेगा

शेविंग बैग दवाइयों का डब्बा
जूते, करने के लिए सैर
और मोबाइल के चार्जर
सब संभाल लिया ना
ध्यान रखना कुछ रह ना जाए
सूट्केस में ही घर है
और सड़क ही अपना आँगन

अब तो सुबह ही बुक होगी ऊबर
क्या समय पे आ जाएगा ड्राइवर
या करवाएगा भागम भाग
कभी डर फ़्लाइट छूटने का
इंतज़ार कभी लेट आने वाली रेल का
यही पशोपेश है

होटेल गोईबीबो से सस्ता मिलेगा
या मेक माई ट्रिप पे
या फिर कॉर्प्रोट टाई अप
है अपने बैंक से
पूरे हफ़्ते के लिए कमरा मिलेगा
या रोज़ बदलना पड़ेगा
पल पल यही है उधेड़ बुन
ख़ानाबदोश सा जो है यह जीवन

आज इंदौर
कल मन्दसौर
परसों रायपुर

और फिर शनिवार को
वापस घर यानी जयपुर
कहीं होटेल फ़ाइव स्टार है
कहीं धर्मशाला में ही रात गुलज़ार है
ख़ुशबूदार कमरा
बड़ा सा TV
जिसपे चलता सोनी
रिपब्लिक और स्टार है
कहीं गंदा सा टोयलेट
और कहीं डिसिन्फ़ेक्टंट की
बदबू का अंबार है

क्यों करते हो खट्टा अपना मन
ख़ानाबदोश सा है यह जीवन
शिवा का रूठना
पुनीता का झल्लाना
पिहु का का रूखापन
खानाबादेश सा जो है यह जीवन।

18. अकेला

दुनिया का मेला
भीड़ का रेला
इतने लोगों में
निपट अकेला
ना कोई किरण
ना कोई आशा
घनघोर तिमिर
चहुँओर निराशा
मरुपथ है तपता
पग पग है जलता
कोसो दूर तक
आश्रय नहीं दिखता
कैसा यह तमस
कैसी यह तृष्णा
दूर करो विपत्ती
काहे की देर कृष्णा

19. सुबह की सैर

सुबह की सैर साइकल पर
जयपुर शहर की सड़कों पर
भोर के धुँधलके में
अलसाया चेहरा लिए
जब सूरज पूरब में
कसमसाते हुए
अंगड़ाई लेते हुए
सुबह होने का एलान करता है
तो लेकर अपनी साइकल
निकल पड़ता हूँ
जयपुर शहर की सड़कों पर
बी-२ बायपास पे आते जाते हुए
ट्रक करते कोलाहल
जिनसे बचने के लिए
आप स्वयं को ही सतर्क रहना पड़ेगा
कभी सामने आती कोई कार या जीप
जो आँखों को चुँधिया देती हैं
तभी जवाहर सर्कल पे
रॉंग साइड आती हुई बाईक

बाइक सवार की शायद कोई परीक्षा है
इसीलिए वो जल्दी में है
और वो रॉंग साइड
आकर तकनीकी विश्विध्यालय में घुस रहा है
जैसे तैसे उससे बचता हूँ
तभी बाईं और से
दौड़ता चला आ रहा है
एक सवारी से भरा हुआ ऑटो
उसे भी जल्दी है
उसे भी डबल डेकर पकड़नी है
मैं मजबूर हूँ
साइकल के ब्रेक लगाने पर
जयपुर शहर की सड़कों पर

20. पहली ब्रेवेट

यों मैंने बचपन से ही
खूब चलायी साइकल
छूट गया था जो हाथ
अब चालीस के मोड़ पर आते आते
मैंने फिर से पकड़ लिया हैंडल
पहनी जर्ज़ी और बिब शॉट
चढ़ बैठा मैं फिर से सैडल
साइकल ने ही जोड़ दिये कुछ दोस्त
जो हो गए हैं परिवार
उनके साथ ने हिम्मत बढ़ाई
करी मेरी हौंसला अफजाई
हो गया मैं ब्रेवेट के लिए तैयार
पता लगा ब्रेवेट का माहिर
कहलाता है एस आर
तो मैंने भी कस ली कमर
यों भी पीबीपी के लिए तो
बनना ही होगा एसआर
फ़िर शुरू हुआ सीज़न इक्कीस बाइस
आया दिन नोवेम्बर सात

हुआ दो सौ से आग़ाज़
रात को ही सजा कर
साइकल रखी हवा तेल सब देख कर
सुबह उठ कर देखा
पिछला टायर था
मदद से हमारे दिल के डॉक्टर
या कहूँ मुनीश इंजिनीयर
निखिल ने किए साइकल और काग़ज़ सत्यापित
गुरुजी ने दिखाई झंडी हरी
नारी शक्ति की प्रतीक एंजल
बनी हमारी मार्शल
और सोनू भैय्या ने सम्भाला
सपोर्ट वहीकल
पहले जत्थे में निकले
रेणु जी, हेमंत, अरुनाकर और अभिषेक
साथ था इनके ही
जब तक नहीं गिरा मेरा पिछला ब्रेक पैड
दिल घबराया
बिना ब्रेक पैड कैसे चलेगी साइकल
छोड़ो राइड सो जाओ घर जा कर
पर जैसे ही निकले रमा जी, सौरभ और बाक़ी राइडर
मैं भी निकल पड़ा छोड़ कर सारे संशय
रास्ते में मिले अमितजी, अजयजी, जांगिडजी
वरुण और उमंग
दिल में जागी तरंग
बिना ब्रेक पैड ही करनी है राइड पूरी
बड़ी नहीं है कोई दूरी

राह हुई आसान थोड़ी
जब मिली गढ़वाल जोड़ी
पहले चेकपोईंट के पास फिर से मिल गयी
हेमंत, ऐडी, रेणुजी और अभिषेक की चौकड़ी
राहत में आया दिल
साथ है सबका तो
दूर नहीं कोई मंज़िल
प्रतिमाजी का कार्ड गिरा रास्ते में
ग़ज़ब जज़्बा है कैलाश जी में
तीसरे चेक पोईंट तक हालत होने लगी पस्त
सूरज तेज था और विपरीत हवाएँ थी मदमस्त
मुनीश और मैं
चल रहे अंतिम चरन
फूली हुईं साँसे
थके हुए मन
जैसे ही पहुँचे दो सौ फ़ीट
जाग गयी जीत की उम्मीद
पहुँचे बाइसिकल पैराडाइस
गुरुजी ने खिलाए रसगुल्ले
दिल उछल रहा था बल्ले बल्ले
शारीरिक और मानसिक कौशल
सानी नहीं कोई इसका
जो रखे सम्बल
वो जीतता है हर पल

21. नया दिन

आया एक नया दिन
कल जो होना था वो हुआ
आज से कुछ नया करें
आओ आज कुछ बड़ा करें

किसी ने करा अपना कारोबार
किसी ने कहीं नौकरी करी
किसी ने थोड़ा किसी ने ज़्यादा
सबने कुछ ना कुछ तो किया

किया जिससे उनका घर चले
छोटे- छोटे बच्चे उनके आगे बढ़े
पढ़े लिखे खेले कूदे
बड़ा नाम माँ बाप का करें

कुछ तो अब नया काम हम करेंगे
चारों ओर फुल नए तब ही खिलेंगे
जब मेहनत हम दिन और रात करेंगे
लोग चहुँओर ख़ुशक़िस्मत मिलेंगे

कुछ संभव नहीं है मेहनत मशकत बिना
हर काम में कष्ट होता बहुत चाहे थोड़ा
करते रहो काम बढ़ते रहो आगे और आगे
मिलेगी मंजिल होंगे साकार सब सपने

www.ingramcontent.com/pod-product-compliance
Lightning Source LLC
LaVergne TN
LVHW050822051026
849532LV00008B/3066